Renate Sültz & Uwe H. Sültz

Karneval

Bibliografische Information durch die Deutsche Nationalbibliothek

Die Deutsche Nationalbibliothek verzeichnet diese Publikation in der Deutschen Nationalbibliografie; detaillierte bibliografische Daten sind im Internet über http://dnb.dnb.de abrufbar.

© 2019 Renate Sültz & Uwe H. Sültz
Herstellung und Verlag: BoD – Books on Demand, Norderstedt
ISBN 978-3-7481-5684-0

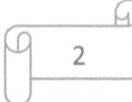

Meine Erlebnisse · Karnevalssitzungen · Treffen · Umzüge · Ereignisse usw.

Der 11.11.____ ist auf Seite _____

Weiberfastnacht ist am _____ ab Seite _____

Rosenmontag ist am _____ ab Seite _____

Fastnachtdienstag ist am _____ ab Seite _____

Aschermittwoch ist am _____ ab Seite _____

Pläne für die Zukunft ab Seite _____

Sonsige Ereignisse ab Seite _____

Karneval - Erlebniss... ...reignisse
Pläne - Feiern - Terr... ...und mehr...
Datum:

M
Di
M
Do
Fr
Sa
So

Karneval - Erlebnisse - Ereignisse
Pläne - Feiern - Termine und mehr...
Datum:

M
Di
M
Do
Fr
Sa
So

Karneval - Erlebnisse - Ereignisse
Pläne - Feiern - Termine und mehr...
Datum:

M
Di
M
Do
Fr
Sa
So

Karneval - Erlebnisse - Ereignisse
Pläne - Feiern - Termine und mehr...
Datum:

M
Di
M
Do
Fr
Sa
So

Karneval - Erlebnisse - Ereignisse
Pläne - Feiern - Termine und mehr...
Datum:

M
Di
M
Do
Fr
Sa
So

Karneval - Erlebnisse - Ereignisse
Pläne - Feiern - Termine und mehr...
Datum:

M
Di
M
Do
Fr
Sa
So

Karneval - Erlebnisse - Ereignisse
Pläne - Feiern - Termine und mehr...
Datum:

M
Di
M
Do
Fr
Sa
So

Karneval - Erlebnisse - Ereignisse
Pläne - Feiern - Termine und mehr...
Datum:

M
Di
M
Do
Fr
Sa
So

Karneval - Erlebnisse - Ereignisse
Pläne - Feiern - Termine und mehr...
Datum:

M

Di

M

Do

Fr

Sa

So

Karneval - Erlebnisse - Ereignisse
Pläne - Feiern - Termine und mehr...
Datum:

M
Di
M
Do
Fr
Sa
So

Karneval - Erlebnisse - Ereignisse
Pläne - Feiern - Termine und mehr...
Datum:

M
Di
M
Do
Fr
Sa
So

Karneval - Erlebnisse - Ereignisse
Pläne - Feiern - Termine und mehr...
Datum:

M
Di
M
Do
Fr
Sa
So

Karneval - Erlebnisse - Ereignisse
Pläne - Feiern - Termine und mehr...
Datum:

M
Di
M
Do
Fr
Sa
So

Karneval - Erlebnisse - Ereignisse
Pläne - Feiern - Termine und mehr...
Datum:

M
Di
M
Do
Fr
Sa
So

Karneval - Erlebnisse - Ereignisse
Pläne - Feiern - Termine und mehr...
Datum:

M
Di
M
Do
Fr
Sa
So

Karneval - Erlebnisse - Ereignisse
Pläne - Feiern - Termine und mehr...
Datum:

M
Di
M
Do
Fr
Sa
So

Karneval - Erlebnisse - Ereignisse
Pläne - Feiern - Termine und mehr...
Datum:

M
Di
M
Do
Fr
Sa
So

Karneval - Erlebnisse - Ereignisse
Pläne - Feiern - Termine und mehr...
Datum:

M
Di
M
Do
Fr
Sa
So

Karneval - Erlebnisse - Ereignisse
Pläne - Feiern - Termine und mehr...
Datum:

M
Di
M
Do
Fr
Sa
So

Karneval - Erlebnisse - Ereignisse
Pläne - Feiern - Termine und mehr...
Datum:

M
Di
M
Do
Fr
Sa
So

Karneval - Erlebnisse - Ereignisse
Pläne - Feiern - Termine und mehr...
Datum:

M
Di
M
Do
Fr
Sa
So

Karneval - Erlebnisse - Ereignisse
Pläne - Feiern - Termine und mehr...
Datum: _____

M
Di
M
Do
Fr
Sa
So

Karneval - Erlebnisse - Ereignisse
Pläne - Feiern - Termine und mehr...
Datum:

M
Di
M
Do
Fr
Sa
So

Karneval - Erlebnisse - Ereignisse
Pläne - Feiern - Termine und mehr...
Datum:

M
Di
M
Do
Fr
Sa
So

Karneval - Erlebnisse - Ereignisse
Pläne - Feiern - Termine und mehr...
Datum:

M
Di
M
Do
Fr
Sa
So

Karneval - Erlebnisse - Ereignisse
Pläne - Feiern - Termine und mehr...
Datum:

M
Di
M
Do
Fr
Sa
So

Karneval - Erlebnisse - Ereignisse
Pläne - Feiern - Termine und mehr...
Datum:

M
Di
M
Do
Fr
Sa
So

Karneval - Erlebnisse - Ereignisse
Pläne - Feiern - Termine und mehr...
Datum:

M
Di
M
Do
Fr
Sa
So

Karneval - Erlebnisse - Ereignisse
Pläne - Feiern - Termine und mehr...
Datum:

M
Di
M
Do
Fr
Sa
So

Karneval - Erlebnisse - Ereignisse
Pläne - Feiern - Termine und mehr...
Datum:

M
Di
M
Do
Fr
Sa
So

Karneval - Erlebnisse - Ereignisse
Pläne - Feiern - Termine und mehr...
Datum:

M
Di
M
Do
Fr
Sa
So

Karneval - Erlebnisse - Ereignisse
Pläne - Feiern - Termine und mehr...
Datum:

M
Di
M
Do
Fr
Sa
So

Karneval - Erlebnisse - Ereignisse
Pläne - Feiern - Termine und mehr...
Datum:

M
Di
M
Do
Fr
Sa
So

Karneval - Erlebnisse - Ereignisse
Pläne - Feiern - Termine und mehr...
Datum:

M
Di
M
Do
Fr
Sa
So

Karneval - Erlebnisse - Ereignisse
Pläne - Feiern - Termine und mehr...
Datum:

M
Di
M
Do
Fr
Sa
So

Karneval - Erlebnisse - Ereignisse
Pläne - Feiern - Termine und mehr...
Datum:

M
Di
M
Do
Fr
Sa
So

Karneval - Erlebnisse - Ereignisse
Pläne - Feiern - Termine und mehr...
Datum:

M
Di
M
Do
Fr
Sa
So

Karneval - Erlebnisse - Ereignisse
Pläne - Feiern - Termine und mehr...
Datum:

M
Di
M
Do
Fr
Sa
So

Karneval - Erlebnisse - Ereignisse
Pläne - Feiern - Termine und mehr...
Datum:

M
Di
M
Do
Fr
Sa
So

Karneval - Erlebnisse - Ereignisse
Pläne - Feiern - Termine und mehr...
Datum:

M
Di
M
Do
Fr
Sa
So

Karneval - Erlebnisse - Ereignisse
Pläne - Feiern - Termine und mehr...
Datum:

M
Di
M
Do
Fr
Sa
So

Karneval - Erlebnisse - Ereignisse
Pläne - Feiern - Termine und mehr...
Datum:

M
Di
M
Do
Fr
Sa
So

Karneval - Erlebnisse - Ereignisse
Pläne - Feiern - Termine und mehr...
Datum:

M
Di
M
Do
Fr
Sa
So

Karneval - Erlebnisse - Ereignisse
Pläne - Feiern - Termine und mehr...
Datum:

M
Di
M
Do
Fr
Sa
So

Karneval - Erlebnisse - Ereignisse
Pläne - Feiern - Termine und mehr...
Datum:

M
Di
M
Do
Fr
Sa
So

Karneval - Erlebnisse - Ereignisse
Pläne - Feiern - Termine und mehr...
Datum:

M
Di
M
Do
Fr
Sa
So

Karneval - Erlebnisse - Ereignisse
Pläne - Feiern - Termine und mehr...
Datum:

M
Di
M
Do
Fr
Sa
So

Karneval - Erlebnisse - Ereignisse
Pläne - Feiern - Termine und mehr...
Datum:

M
Di
M
Do
Fr
Sa
So

Karneval - Erlebnisse - Ereignisse
Pläne - Feiern - Termine und mehr...
Datum:

M
Di
M
Do
Fr
Sa
So

Karneval - Erlebnisse - Ereignisse
Pläne - Feiern - Termine und mehr...
Datum:

M
Di
M
Do
Fr
Sa
So

Karneval - Erlebnisse - Ereignisse
Pläne - Feiern - Termine und mehr...
Datum:

M
Di
M
Do
Fr
Sa
So

Karneval - Erlebnisse - Ereignisse
Pläne - Feiern - Termine und mehr...
Datum:

M
Di
M
Do
Fr
Sa
So

Karneval - Erlebnisse - Ereignisse
Pläne - Feiern - Termine und mehr...
Datum:

M
Di
M
Do
Fr
Sa
So

Karneval - Erlebnisse - Ereignisse
Pläne - Feiern - Termine und mehr...
Datum:

M
Di
M
Do
Fr
Sa
So

Karneval - Erlebnisse - Ereignisse
Pläne - Feiern - Termine und mehr...
Datum:

M
Di
M
Do
Fr
Sa
So

Karneval - Erlebnisse - Ereignisse
Pläne - Feiern - Termine und mehr...
Datum:

M
Di
M
Do
Fr
Sa
So

Karneval - Erlebnisse - Ereignisse
Pläne - Feiern - Termine und mehr...
Datum:

M
Di
M
Do
Fr
Sa
So

Karneval - Erlebnisse - Ereignisse
Pläne - Feiern - Termine und mehr...
Datum:

M
Di
M
Do
Fr
Sa
So

Karneval - Erlebnisse - Ereignisse
Pläne - Feiern - Termine und mehr...
Datum:

M
Di
M
Do
Fr
Sa
So

Karneval - Erlebnisse - Ereignisse
Pläne - Feiern - Termine und mehr...
Datum:

M
Di
M
Do
Fr
Sa
So

Karneval - Erlebnisse - Ereignisse
Pläne - Feiern - Termine und mehr...
Datum:

M
Di
M
Do
Fr
Sa
So

Karneval - Erlebnisse - Ereignisse
Pläne - Feiern - Termine und mehr...
Datum:

M
Di
M
Do
Fr
Sa
So

Karneval - Erlebnisse - Ereignisse
Pläne - Feiern - Termine und mehr...
Datum:

M
Di
M
Do
Fr
Sa
So

Karneval - Erlebnisse - Ereignisse
Pläne - Feiern - Termine und mehr...
Datum:

M

Di

M

Do

Fr

Sa

So

Karneval - Erlebnisse - Ereignisse
Pläne - Feiern - Termine und mehr...
Datum:

M
Di
M
Do
Fr
Sa
So

Karneval - Erlebnisse - Ereignisse
Pläne - Feiern - Termine und mehr...
Datum:

M
Di
M
Do
Fr
Sa
So

Karneval - Erlebnisse - Ereignisse
Pläne - Feiern - Termine und mehr...
Datum:

M
Di
M
Do
Fr
Sa
So

Karneval - Erlebnisse - Ereignisse
Pläne - Feiern - Termine und mehr...
Datum:

M
Di
M
Do
Fr
Sa
So

Karneval - Erlebnisse - Ereignisse
Pläne - Feiern - Termine und mehr...
Datum:

M
Di
M
Do
Fr
Sa
So

Karneval - Erlebnisse - Ereignisse
Pläne - Feiern - Termine und mehr...
Datum:

M
Di
M
Do
Fr
Sa
So

Karneval - Erlebnisse - Ereignisse
Pläne - Feiern - Termine und mehr...
Datum:

M
Di
M
Do
Fr
Sa
So

Karneval - Erlebnisse - Ereignisse
Pläne - Feiern - Termine und mehr...
Datum:

M
Di
M
Do
Fr
Sa
So

Karneval - Erlebnisse - Ereignisse
Pläne - Feiern - Termine und mehr...
Datum:

M
Di
M
Do
Fr
Sa
So

Karneval - Erlebnisse - Ereignisse
Pläne - Feiern - Termine und mehr...
Datum:

M
Di
M
Do
Fr
Sa
So

Karneval - Erlebnisse - Ereignisse
Pläne - Feiern - Termine und mehr...
Datum:

M
Di
M
Do
Fr
Sa
So

Karneval - Erlebnisse - Ereignisse
Pläne - Feiern - Termine und mehr...
Datum:

M
Di
M
Do
Fr
Sa
So

Karneval - Erlebnisse - Ereignisse
Pläne - Feiern - Termine und mehr...
Datum:

M
Di
M
Do
Fr
Sa
So

Karneval - Erlebnisse - Ereignisse
Pläne - Feiern - Termine und mehr...
Datum:

M
Di
M
Do
Fr
Sa
So

Karneval - Erlebnisse - Ereignisse
Pläne - Feiern - Termine und mehr...
Datum:

M
Di
M
Do
Fr
Sa
So

Karneval - Erlebnisse - Ereignisse
Pläne - Feiern - Termine und mehr...
Datum:

M
Di
M
Do
Fr
Sa
So

Karneval - Erlebnisse - Ereignisse
Pläne - Feiern - Termine und mehr...
Datum:

M
Di
M
Do
Fr
Sa
So

Karneval - Erlebnisse - Ereignisse
Pläne - Feiern - Termine und mehr...
Datum:

M
Di
M
Do
Fr
Sa
So

Karneval - Erlebnisse - Ereignisse
Pläne - Feiern - Termine und mehr...
Datum:

M
Di
M
Do
Fr
Sa
So

Karneval - Erlebnisse - Ereignisse
Pläne - Feiern - Termine und mehr...
Datum:

M
Di
M
Do
Fr
Sa
So

Karneval - Erlebnisse - Ereignisse
Pläne - Feiern - Termine und mehr...
Datum:

M
Di
M
Do
Fr
Sa
So

Karneval - Erlebnisse - Ereignisse
Pläne - Feiern - Termine und mehr...
Datum:

M
Di
M
Do
Fr
Sa
So

Karneval - Erlebnisse - Ereignisse
Pläne - Feiern - Termine und mehr...
Datum:

M
Di
M
Do
Fr
Sa
So

Karneval - Erlebnisse - Ereignisse
Pläne - Feiern - Termine und mehr...
Datum:

M
Di
M
Do
Fr
Sa
So

Karneval - Erlebnisse - Ereignisse
Pläne - Feiern - Termine und mehr...

Datum:

M
Di
M
Do
Fr
Sa
So

Karneval - Erlebnisse - Ereignisse
Pläne - Feiern - Termine und mehr...
Datum:

M
Di
M
Do
Fr
Sa
So

Karneval - Erlebnisse - Ereignisse
Pläne - Feiern - Termine und mehr...
Datum:

M
Di
M
Do
Fr
Sa
So

Karneval - Erlebnisse - Ereignisse
Pläne - Feiern - Termine und mehr...
Datum:

M
Di
M
Do
Fr
Sa
So

Karneval - Erlebnisse - Ereignisse
Pläne - Feiern - Termine und mehr...
Datum:

M
Di
M
Do
Fr
Sa
So

Karneval - Erlebnisse - Ereignisse
Pläne - Feiern - Termine und mehr...
Datum:

M
Di
M
Do
Fr
Sa
So

Karneval - Erlebnisse - Ereignisse
Pläne - Feiern - Termine und mehr...
Datum:

M
Di
M
Do
Fr
Sa
So

Karneval - Erlebnisse - Ereignisse
Pläne - Feiern - Termine und mehr...
Datum:

M
Di
M
Do
Fr
Sa
So

Karneval - Erlebnisse - Ereignisse
Pläne - Feiern - Termine und mehr...
Datum:

M
Di
M
Do
Fr
Sa
So

Karneval - Erlebnisse - Ereignisse
Pläne - Feiern - Termine und mehr...
Datum:

M
Di
M
Do
Fr
Sa
So

Karneval - Erlebnisse - Ereignisse
Pläne - Feiern - Termine und mehr...
Datum:

M

Di

M

Do

Fr

Sa

So

Karneval - Erlebnisse - Ereignisse
Pläne - Feiern - Termine und mehr...
Datum:

M
Di
M
Do
Fr
Sa
So

Karneval - Erlebnisse - Ereignisse
Pläne - Feiern - Termine und mehr...
Datum:

M
Di
M
Do
Fr
Sa
So

Karneval - Erlebnisse - Ereignisse
Pläne - Feiern - Termine und mehr...
Datum:

M
Di
M
Do
Fr
Sa
So

Karneval - Erlebnisse - Ereignisse
Pläne - Feiern - Termine und mehr...
Datum:

M
Di
M
Do
Fr
Sa
So

Karneval - Erlebnisse - Ereignisse
Pläne - Feiern - Termine und mehr...
Datum:

M
Di
M
Do
Fr
Sa
So

Karneval - Erlebnisse - Ereignisse
Pläne - Feiern - Termine und mehr...
Datum:

M
Di
M
Do
Fr
Sa
So